LE CARNAVAL DU PARNASSE,

BALLET HEROÏQUE,

REPRÉSENTÉ

PAR L'ACADEMIE ROYALE DE MUSIQUE,

POUR LA PREMIERE FOIS

Le vingt-trois Septembre 1749.

PRIX XXX SOLS.

AUX DEPENS DE L'ACADÉMIE.

A PARIS, Chez la V. DELORMEL & FILS, Imprimeur de ladite Académie, rue du Foin, à l'Image Ste. Geneviéve.

On trouvera des Livres de Paroles à la Salle de l'Opéra,

M. D.C.C. L.

AVEC APPROBATION ET PRIVILEGE DU ROY.

Les Paroles, de Monſieur FUZELIER.

La Muſique, de Monſieur MONDONVILLE, *Maître de Muſique de la Chapelle du Roy.*

ACTEURS CHANTANS

Dans les Chœurs.

Côté du Roi.		Côté de la Reine.	
Mesdemoiselles.	*Messieurs.*	*Mesdemoiselles.*	*Messieurs.*
Dun.	Lefebvre.	Cartou.	Gratin.
Tulou.	Le Page, C.	Rollet.	Le Mesle.
Delorge.	S. Martin.	Daliere.	Bertrand.
Larcher.	Dun, fils.	Masson.	Dumats.
Cazeau.	Gélin.	Chefdevile.	Hordé.
LeTourneur.	Fel.	Gondré.	Levasseur.
Lablotiere.	Bourque.	Hery.	Chapotin.
La Croix.	Duchenet.	Folliot.	Favier.
Sallaville.	Rochette.	Sommervile	Feret.
	Le Roy.	Duval.	Touchain.
	Selle.		Cardinet.
	Roze.		

AVERTISSEMENT.

Le titre de ce Ballet justifie la legereté de son plan ; le badinage doit regner seul dans les jours du Carnaval, & ne permettre qu'aux jeux d'en occuper les agréables momens ; ils ne sont pas faits pour les desespoirs & les Elegies de Melpomene.

On ne prétend donner ici qu'un spectacle qui fournisse à Thalie, à Euterpe & à Terpsicore un champ libre pour promener leur imagination. On ignore si ce mélange sera goûté du Public : l'intention de lui plaire est toujours certaine chez les Auteurs ; le succès n'y répond pas toujours & l'on s'égare quelquefois en cherchant de nouvelles routes pour arriver au bonheur de le contenter. Mais que ce Public judicieux veuille bien songer qu'il est souvent plus facile d'être régulier que d'être varié, & d'attendrir que d'amuser.

ACTEURS DU PROLOGUE.

CLARICE,	Mlle. Romainville.
FLORINE,	Mlle. Fel.
DORANTE,	M^{r}. Albert.
UN BERGER,	M^{r}. Jeliote.
BERGERS *jouans des Instrumens.* M^{rs}.	Despréaux. Brunel.

PAYSANS & PAYSANNES.

PERSONNAGES DANSANS.

JARDINIERS & JARDINIERES.

Mr. TESSIER. Mlle. LANY.

Mlle LYONOIS.

Mrs. Caïez, Feüillade, Bourgeois, Laurent, Le Lievre, Mion, Aubri, Beat.

Mlles. Beaufort, Dazenoncourt, Desirée, Devaux, Bellenot, C. Amedée, Hymblot, Parquet.

LE CARNAVAL DU PARNASSE,

BALLET HEROÏQUE.

PROLOGUE.

Le Théâtre représente un Jardin orné.

SCENE PREMIERE.

CLARICE, seule.

QUE ce beau jour promet d'heureux instans!
Qu'avec plaisir sur ces bords on s'arrête !
Les Bergers vont ici célébrer le Printems,
Et déja les Oiseaux en annoncent la fête :

Ruisseaux qui parcourez ces valons enchantés,
Que votre doux murmure & vos flots argentés,
Pour les tendres cœurs ont de charmes !
Vous rassemblez les jeux, l'innocence & la paix,

L'amour ſeul fait rêver ſur vos rivages frais,
Des Amans malheureux vous calmez les allarmes.

On entend un prélude.

Oiſeaux, habitans de ces bois,
Florine vient du chant vous diſputer la gloire,
La legereté de ſa voix
Pourra lui donner la victoire.

SCENE II.

CLARICE, FLORINE.

FLORINE.

AUgelleti voi amate
Sempre cantate
Siete troppo fortunati
A noi ſe amore
Punge il core
Sol comparte ſoſpiri e pianti.

PARAPHRASE DE L'AIR ITALIEN.

» Que vous êtes heureux, Oiſeaux, ſous ce feuillage,
» En aimant vous chantez toûjours.
» Et dans nos plus tendres amours,
» Nous n'avons bien ſouvent que les pleurs pour
» partage.

CLARICE.

CLARICE.

Quoi toujours du leger ?

FLORINE.

Et vous toujours du tendre.

CLARICE.

On plaît, on attendrit par des accords touchans.

FLORINE.

On étonne, on séduit par de rapides chants,
A leurs attraits il faut se rendre.

CLARICE.

Le chant doit nous flatter.

FLORINE.

Le chant doit nous surprendre.

ENSEMBLE.

Pouvez-vous me le disputer ?

FLORINE.

On aime le leger,

CLARICE.

On aime mieux le tendre.

SCENE III.

DORANTE, FLORINE, CLARICE.

DORANTE.

LEs plaisirs en ces lieux viennent se présenter,
Vous allez entendre un ouvrage,
Qui de vos goûts divers, offrira l'assemblage.

DORANTE, FLORINE, CLARICE,

L'ennui suit bientôt les désirs
Quand ils ont obtenu les biens les plus aimables;
Il faut varier les plaisirs
Pour les rendre durables.

On entend un Prélude.

DORANTE.

Ecoutons nos Bergers ils se rassemblent tous,
Les champêtres plaisirs ne sont pas les moins doux.

SCENE IV.

DORANTE, FLORINE, CLARICE, BERGERS, BERGERES, JARDINIERS.

CHŒUR.

PRintems dans nos Bocages,
Viens, remplis nos désirs;
Sous tes naissans feuillages,
Viens payer nos soûpirs;
Rend-nous les zéphirs,
Les Rossignols & leurs ramages,
Rend-nous les zéphirs
Les ris, les jeux & les plaisirs.

On danse.

CHŒUR.

Que ton retour assure
De précieux momens!
Qu'il naît sous la verdure
De tendres sentimens;
Dans tes jours charmans,
Que les ruisseaux & leur murmure,
Dans tes jours charmans,
Enchantent les heureux Amans.

On danse.

CLARICE.

Le Printems seul nous procure
Des plaisirs toujours divers :
Flore reprend sa parure,
Que d'appas nous sont offerts !

Des ruisseaux l'onde murmure,
Zéphire adoucit les airs.
Les Oiseaux sous la verdure
Font entendre leurs concerts.

Le Printems seul nous procure
Ces plaisirs toujours divers
C'est l'Amant de la nature,
Il enchante l'Univers.

On danse.

FLORINE.

Le Papillon infidelle
Près de la fleur la plus belle,
Ne peut jamais s'arrêter.
Amans qui cherchez à plaire

Gardez-vous de l'imiter
Dans sa tendresse legere.

L'amour qui persevere
Se fait seul écouter.
L'amour qui persevere
Merite seul de remporter
Les couronnes de Cythere. *On danse.*

UN BERGER & le CHŒUR.

Célebrons le Printems, que toutes nos Musettes
Annoncent son retour :
Qu'avec les Jeux & l'Amour
Il regne dans nos retraites,
C'est la saison des fleurs,
Des plaisirs & des cœurs.

On danse.

FIN DU PROLOGUE.

ACTEURS.

MOMUS,	Mr. de Chaffé.
APOLLON, *deguisé en Berger.*	Mr. Jeliotte.
THALIE,	Mlle. Fel.
LICORIS, *Bergere.*	Mlle. Chevalier.
EUTERPE,	Mlle Romainvile.
Deux SUIVANTS D'EUTERPE,	M. De la Tour. M. Le Page.
L'AMOUR,	
TERPSICORE,	
Une SUIVANTE de TERPSICORE,	Mlle. Coupée.
Un SUIVANT de TERPSICORE,	M. Perfon.
UNE VIEILLE,	Mlle. Victoire.

SUITE DE MOMUS.
SUITE DE THALIE.
} *caractérisées par la Comedie Françoise, la Comedie Italienne, & par des Poëtes & des Musiciens.*

DIEUX ET DÉESSES.

LE TEMPS.

LES QUATRE AGES, LES SAISONS, LES HEURES.

PERSONNAGES DANSANS.

ACTE PREMIER.

SUIVANS DE MOMUS ET DE THALIE.

COMEDIE FRANÇOISE.

Crispin,	Mr Mion.
Pasquin,	Mr le Lievre.
Thomas Diaphoirus,	Mr Beat.
Le Baron de la Crasse,	Mr Aubri.
Mad. de Sotenville,	Mlle Sauvage.
Une Soubrette,	Mlle Hymblot.

COMEDIE ITALIENNE.

Arlequin,	Mr Laurent.
Pantalon,	Mr Caillé.
Scapin,	Mr Laval.
Le Docteur,	Mr Feuillade.
Colombine,	Mlle Beaufort.
Une Perrette,	Mlle Victoire.

PANTOMIMES.

Mrs. Lany, Sody, Mlles. Lyonnois, Lany.

ACTE SECOND.

LES TROIS GRACES.

Mlle Dallemand

Mlles S. Germain, Courcelle,

DEUX AMOURS.

Mrs Dupré fils, Haran.

CEPHALE.	*L'AURORE.*
Mr Devisse.	Mlle. Carville.

Zephir, M. Hamoche.	*Flore*, Mle Dazenoncourt
Endymion, M. Dumay.	*Diane*, Mlle Desiré.
Adonis, M. le Lievre.	*Venus*, Mlle Devaux.
Bacchus, M. Dupré.	*Erigone*, Mlle Beaufort.
Vertumne, M. Laurent.	*Pomonne*, Mlle Thierry.

ACTE TROISIÉME.

TERPSICORE.

Mlle. Camargo.

CHASSEURS ET CHASSERESSES.

Mr. Lany.

Mrs. Dupré, Laval, Laurent,
Mlles. Thierry, Bellenot c., Desiré.

MASQUES GALANS.

Mr. Dupré.

Mrs. Hamoche, Bourgeois, le Lievre, Aubri.
Mlles St. Germain, Courcelle, Beaufort, Sauvage.

VIEILLARDS & VIEILLES.

Mrs. Mion, Beat. Mlles. Victoire, Dazenoncourt.

ENFANTS.

Mrs. Hamoche fils, Feuillade fils.
Mlles. Masson, Hutte.

LE

LE CARNAVAL
DU PARNASSE,
BALLET HEROÏQUE.

ACTE PREMIER.

Le Théâtre représente le Mont Parnasse & la Fontaine d'Hipocrêne.

SCENE PREMIERE.

MOMUS, seul.

PRECIPITEZ vos eaux, dangereuse Hipocrêne,
Coulez moins lentement dans le double valon,

Fuyez, derobez-vous à la soif inhumaine
De plus d'un enfant d'Apollon ;
Et par pitié pour nous laissez tarir leur veine.

SCENE II.

MOMUS, APOLLON deguisé en Berger.

MOMUS.

Sous l'habit d'un Berger c'est Apollon ! ô Cieux !
Va-t'il retourner chez Admete ?
Phœbus, le Dieu des Vers se déguiseroit mieux :
S'il préferoit au fer de la houlette,
Du redoutable Mars, le fer victorieux.

APOLLON.

Quelque déguisement que Momus voulût prendre,
Bien-tôt à le connoître on seroit parvenu.
Mais sans se déguiser s'il vouloit nous surprendre,
Il n'auroit qu'à louer il seroit méconnu.

MOMUS.

Le flateur Apollon emprunte mon langage ;

APOLLON.

A badiner la saison nous engage ;
Nous allons commencer nos jeux ;

Les Muses vont bientôt; sous ce charmant ombrage,
Faire briller leurs chants & répondre à mes vœux;
Nous bannirons les soins & les ennuis fâcheux.

MOMUS.

Peut-on banir l'ennui des lieux qui l'ont vû naître?
Le Parnasse fut son berceau.

APOLLON.

Pour suspendre vos traits, vous allez voir paroître
Un spectacle nouveau.

MOMUS.

Licoris l'ornera...

APOLLON.

De même que Thalie...

MOMUS.

Vous parlerez de votre amour.

APOLLON.

Vous signalerez en ce jour
L'aimable chaîne qui vous lie.

ENSEMBLE.

Nous verrons qui des deux
Sera le plus heureux.

APOLLON.

Parmi nos jeux divers, on nous prépare encore
Des Ballets inventés conduits par Terpsicore.

MOMUS.

A tous vos Vers je préfere ses pas.

APOLLON.

Ne voulez-vous jamais que rire ?

MOMUS.

Non je ne veux jamais que rire.

APOLLON.

L'effroi vole sur vos pas,

MOMUS.

L'ennui vole sur vos pas.

APOLLON.

Ne trouvez-vous des appas
Que dans le fiel de la satire ?

MOMUS.

Je ne trouve des appas
Que dans le sel de la satire.

On entend un prélude.

MOMUS.

Qui peut troubler un entretien si doux ?

APOLLON.

C'est Thalie, elle vient, je la laisse avec vous.

MOMUS.

Un Confident discret à propos se retire.

SCENE III.

THALIE, MOMUS.

THALIE.

MOmus dans ce séjour !

MOMUS.

J'y suis rappellé par l'Amour.
Contre l'Amour cessez de vous défendre,
Si vous sçaviez combien il est doux de se rendre,
Du plus fidele Amant vous combleriez les vœux.
Ah ! Connoissez ses charmes,
Ce n'est qu'en cedant à ses armes
Que l'on peut être heureux.

THALIE.

Momus, il est donc vrai que votre cœur soupire,
Est-il possible d'enflammer
Un Dieu qu'enchante la satire ?

MOMUS.

Peut-on voir un instant vos yeux faits pour charmer,
Sans oublier l'art de médire,
Et sans apprendre l'art d'aimer ?
Daignez de mon destin finir l'incertitude . . .

THALIE.

J'aime votre inquiétude,
Elle prouve votre ardeur.
L'amant que la crainte agite,
N'eſt jamais vain ni trompeur,
Et douter de ſon bonheur,
C'eſt prouver qu'on le mérite.

MOMUS.

Qu'entens-je, ô Ciel! Quelle felicité !
Pour mon amour extrême !
Ah ! Thalie....

THALIE.

Il eſt tems de vous dire que j'aime,
Que j'aimerai toujours.... la liberté.

MOMUS.

Que cet aveu fatal m'inſpire de colere ;
Cruelle concevez l'excès de ma douleur !

En riant.

Vous m'avez prévenu, c'eſt-là tout mon malheur,
Thalie, autant qu'à vous la liberté m'eſt chere.

THALIE.

Dans cet ingénieux détour
Des ſuperbes amans je reconnois l'amour.

Les cœurs vains sont gênés dans leurs ardeurs nouvelles ;
Ils taisent les rigueurs que s'attirent leurs feux :
Ils rougissent d'être fideles,
Quand ils ne peuvent être heureux.

MOMUS.

Et moi, je reconnois la vanité des Belles :
Elles pensent que jamais
L'empire de leurs attraits
Ne peut trouver de rebelles.

THALIE.

Momus, épargnons-nous, il est d'autres sujets
Plus dignes de nos traits.

ENSEMBLE.

Vous qui volez sans cesse sur nos traces,
Rassemblez-vous, accourez Ris & Jeux.

SCENE IV.

MOMUS, THALIE,
Leur suite, Acteurs François & Italiens.

CHŒUR. *On danse.*

Vous qui volez sans cesse sur nos traces,
Rassemblez-vous, accourez Ris & Jeux.

Fuyez, Amour, fuyez enchanteur dangereux,
Fuyez, mais laissez-nous les Plaisirs & les Graces.

On danse.

THALIE & le Chœur.

Loin de nos bois aziles de la paix,
Portez vos feux, portez vos traits,
Dieu trompeur de Cythere, Loin, &c.
On ne connoît que trop, & vous & votre mere,
Vous abusez les cœurs
Par des sermens flatteurs
Que vous ne tenez guere. Loin, &c.
Votre premier abord sçait plaire,
Vous ne présentez que des fleurs;
La rose malgré ses douceurs
Cause souvent une piqueure amere.
Loin, &c.

MOMUS. On danse.

Dans le choix d'un amant l'Amour de son bandeau
Couvre souvent les yeux des belles.
Qu'il m'épargne ses traits, qu'il garde son flambeau,
Je ne veux de lui que ses aîles.
Gardons-nous de fixer nos vœux,
Les trop sensibles cœurs ne sont jamais heureux;
Les plaisirs les plus doux sont pour les infidéles.

CHŒUR. On danse.

Que votre gloire vous rassemble
Plaisirs, suivez toujours nos pas,
Vous n'offrez vos plus doux appas
Que lorsque vous brillez ensemble.

Fin du premier Acte.

ACTE

ACTE SECOND.

Le Théâtre représente les bords du Permesse & un Bois de Lauriers.

SCENE PREMIERE.

LICORIS, seule.

D'UN trait flatteur,
L'Amour attaque en vain mon cœur,
Il sçaura résister à ses plus fortes armes.
Ah! quel bonheur!
S'il ne peut être mon vainqueur.
Des chants de mon Berger j'admire la douceur,
Sans ceder à leurs charmes.

D'un trait flateur
L'Amour attaque en vain cœur,
Il sçaura résister à ses plus fortes armes.
Ah ! Quel bonheur !
S'il ne peut être mon vainqueur.

SCENE II.

MOMUS, LICORIS.

MOMUS, à part.

UN désir curieux près d'Apollon m'attire....

LICORIS.

Que cherche sur ces bords le Dieu de la satire,
L'innocence & la paix habitent ces beaux lieux.

MOMUS.

Je suis sur le Parnasse, où peut-on être mieux,
Quand on aime à médire ?

LICORIS.

C'est dans ces Bois, que les Heros
Sont couronnés par Melpomene.

MOMUS.

C'est en sortant d'ici qu'ils portent sur la Scene
Moins de Lauriers que de Pavots.

LICORIS.

Momus, rien ne peut vous contraindre
Dans vos discours, vous ne ménagez rien....
Craignez...

MOMUS.

Qui dois-je craindre ?
Quel pouvoir est égal au mien ?
Si l'Epoux de Junon veut allarmer la terre,
Il lui faut les éclats & les feux du tonnerre.
Le Trident de Neptune, effroi des Matelots,
Déchaîne l'Aquilon, & souleve les flots.
Le tiran des Enfers voit au fond du Ténare,
Cent Monstres réunis suivre sa loi barbare :
La mort vole à sa voix & sert sa cruauté,
De tous ces Dieux le courroux redouté,
Fait trembler sous leur empire
L'Univers épouvanté.
Mais pour être respecté,
Momus n'a besoin que de rire.

LICORIS.

A quelle beauté dans ces lieux
Soumettez-vous le cœur du plus puissant des Dieux ?
Si vous aimez une Muse,
Votre esprit a des appas,

Et la raillerie amuse,
Mais elle n'attendrit pas.

MOMUS appercevant Appollon.

J'apperçois un Berger qui sçait flatter les belles,
Il n'a pourtant jamais trouvé que des cruelles.

à part.

Cachons-nous, je veux l'écouter,
Et sçavoir le succès de ses ardeurs nouvelles.

SCENE III.

APOLLON, LICORIS.

MOMUS, *caché.*

APOLLON.

ME fuirez-vous toujours? Eh ! Pourquoi me quitter ?

LICORIS.

Par vos divins accords vous pouvez m'arrêter.

APOLLON.

C'est un soin qui m'occupe & me charme sans cesse,
Je chante vos attraits, je chante ma tendresse.
Vous ne m'écoutez pas, quel mépris rigoureux !

LICORIS.

Je ne veux point entendre
Un langage trop tendre

APOLLON.

Peut-on allumer tant de feux
Sans reſſentir la plus legere flâme ?
Quel prix n'obtiendroient pas mes ſoupirs & mes vœux !
Quel bonheur combleroit mon ame !
Si les parfaits amans étoient les plus heureux.
Quoi, malgré le reſpect du feu qui me dévore,
Vous me fuyez encore !
Eh ! Pourquoi me quitter ?

LICORIS.

Par vos divins accords vous pouvez m'arrêter.

APOLLON.

J'obéis, le devoir d'une tendreſſe extrême
C'eſt d'obéir à ce qu'on aime.

LICORIS.

Rendez d'abord hommage au ſouverain des Dieux.

APOLLON chante.

Les rebelles Titans lui déclarent la guerre,
Il fait éclater ſon tonnerre,
Il eſt déja vengé de ces audacieux.

Embrasez, écrasez, ils tombent sur la terre,
Que leur fureur impie élevoit jusqu'aux Cieux!
Ce Dieu puissant, ce Dieu si redoutable,
Se laissoit désarmer par un objet aimable....
S'il eût vû vos attraits....

LICORIS.

Vous devez de Bacchus publier les bienfaits.

APOLLON.

Chantons Bacchus & son riant Empire;
Nous devons célébrer son jus délicieux.
Le feu que sa liqueur inspire,
Rend un mortel égal aux Dieux.

La raison vaut bien moins que son charmant délire,
Jamais comme elle, il ne trompe nos vœux.
Trop souvent sous le myrthe, on se plaint, on soupire!
Et sous la treille on est toujours heureux.
Chantons Bacchus, *&c.*
Ignorez-vous que le fils de Séméle,
D'Erigone fut le vainqueur?

LICORIS.

Je sçais qu'il devint infidéle....

APOLLON.

Il eut été constant s'il avoit eu mon cœur.

LICORIS.

Cessez de me vanter l'Amour & sa puissance,
Chantez plutôt Diane & son indifference.

APOLLON.

Armons-nous préparons nos traits,
Suivons le Cor qui nous appelle,
Armons-nous préparons nos traits ;
Ah ! Que la Chasse unit d'attraits.
Imitons l'aimable Immortelle,
Qui triomphe dans nos Forêts . . . .
Helas ! Cette Déesse à l'Amour si contraire,
Cette Déesse si sévére

LICORIS sort.

Aimoit un Berger comme moi . . .
Ciel ! Qu'est-ce que je voi !

SCENE IV.

MOMUS, APOLLON.

MOMUS.

Vous voyez le témoin des transports de votre ame,
Et du prix qu'obtient votre flâme.

APOLLON.

Ah ! Licoris, quelles rigueurs !

MOMUS.

Vos talens enchanteurs
Sont toujours sûrs de plaire,

On entend un prélude.

On vient, pendant les jeux n'allez pas me distraire.

SCENE V.

APOLLON, MOMUS EUTERPE;
Suite D'EUTERPE.

Euterpe ordonnant le triomphe de l'Amour; les Dieux & les Héros de l'antiquité, conduits par les Amours; les Graces & les Plaisirs forment la marche, & précédent le fils de Venus, porté sur son Tróne, assis sur un Globe terrestre, soutenu par les quatre parties du Monde.

UN SUIVANT D'EUTERPE.

TRiomphez à jamais, triomphez Dieu des cœurs
Nous goûtons vos plaisirs, Nous chantons votre gloire;
Vous seul avec des fleurs
Enchaînez la victoire.

EUTERPE.

EUTERPE.

Chantez, danſez, amuſez-vous,
Goutez-bien des inſtans ſi doux.

CHŒUR.

Chantons, danſons, amuſons-nous,
Goutons bien des inſtans ſi doux.

EUTERPE.

Que les Jeux vous ſuivent ſans ceſſe,
Et préviennent tous vos déſirs,
Laiſſez triompher les plaiſirs,
Laiſſez murmurer la ſageſſe.
Chantez, danſez, &c. *On danſe.*

EUTERPE.

Le Dieu qu'on adore à Cythere
Donne les jours les plus charmans.

CHŒUR.

Le Dieu qu'on adore, &c.

EUTERPE.

Si nous avons d'heureux momens,
Nous les devons à l'art de plaire.
Le Dieu qu'on adore à Cythere,
Donne les jours les plus charmans.

On danſe.

Un Suivant D'EUTERPE.

Amour, les Cieux, la Terre & l'Onde,
Tout vous éleve des Autels,

E

Vos traits vainqueurs du monde,
Enchantent jusqu'aux immortels.
Que de vos flâmes
Naissent de douceurs !
Dieu de nos cœurs,
Daignez sur nos ames
Toujours répandre vos faveurs.

Amour, les Cieux, la Terre & l'Onde,
Tout vous éleve des Autels,
Vos traits vainqueurs du monde,
Enchantent jusqu'aux immortels.

On danse.

EUTERPE.

Célébrez avec moi le Dieu de la tendresse,
C'est lui qu'il faut chanter sans cesse.

EUTERPE, deux Suivans & le CHŒUR.

L'Amour a soumis l'Univers,
Suivons, suivons l'Amour, où peut-on fuir ses fers.
La terre sent ses feux dans ses grottes profondes ;
Il vole dans les airs,
Il regne sous les ondes,
Il monte aux Cieux, il descend aux enfers,
Suivons, suivons l'Amour, où peut-on fuir ses fers.

Fin du second Acte.

ACTE TROISIEME.

Le Théâtre représente un Jardin avec des Gradins ; le fond est occupé par une grande Pendule.

SCENE PREMIERE.

MOMUS, habillé en Berger.

DANS le Bal du double Vallon,
Momus, Berger, sera mieux masqué qu'Apollon.

Une seconde fois près d'un objet aimable,
Offrons de nouveaux soins dans ce riant séjour,
Un déguisement favorable,
Sert les ris & les jeux, & quelquefois l'amour.

SCENE II.

MOMUS, THALIE *habillée en Bergere.*

MOMUS, à part.

QUe vois-je ? Ah ! L'aimable Bergere !

THALIE, à part.

Que ce masque est galant ! Qui l'attire en ces lieux?

MOMUS, à part.

Quel éclat brille dans ses yeux !

THALIE, à part.

Il m'observe... Auroit-il le dessein de me plaire?

MOMUS abordant THALIE.

Le masque cache en vain la moitié de vos traits,
Il ne peut vous ravir cent conquêtes nouvelles,
Ce que l'on voit de vos attraits
Suffit pour triompher des cœurs les plus rebelles.

THALIE.

Céder si-tôt à nos appas,
Ce n'est point augmenter leur gloire.
D'une si facile victoire,
Un vainqueur ne s'honore pas.

MOMUS.

Ne point ceder est une offense,
Qui blesse la fierté.
Moins on resiste à la beauté,
Plus on fait briller sa puissance.

THALIE.

Dans les cœurs si-tôt enflamez,
L'inconstance est à craindre,
Les feux aisément allumés,
Plus aisément peuvent s'éteindre.

MOMUS.

Dans les cœurs que vous enflamez,
Le changement n'est pas à craindre;
L'inconstance ne peut éteindre,
Des feux par vos yeux allumez.

THALIE.

Entre tous les amans qui nous rendent hommage;
Comment être sur de son choix,
Le cœur fidel & le volage,
En s'expliquant pour la premiere fois,
Se servent du même langage.

MOMUS.

Ah! Ne résistez point à mon empressement;
Si vous voulez un cœur fidele & tendre,

Craignez de vous méprendre ,
Craignez de refuser le véritable amant.

THALIE.

Ah ! Ne cherchez point à me plaire ,
Si votre amour n'est pas sincere.

MOMUS.

Je vous aime sincerement ,
Croyez-en mes soupirs, & croyez en vos charmes.
Oui , vos beaux yeux dans ce moment,
Garants de mes transports, condamnent vos allarmes.

THALIE.

Si vous m'aimez sincerement ,
J'en croirai vos soupirs, sans en croire mes charmes.

MOMUS.

Achevez ma felicité ,
Ne cachez plus à mon œil enchanté ,
Ces attraits dont mon cœur sent déja la puissance.

THALIE.

Dois-je avoir moins d'impatience ,
De connoître l'Amant qui soumet ma fierté.

MOMUS, à part.

Momus n'est pas connu d'une simple Bergere ?

THALIE, à part.

Pour un jeune Berger, Thalie est étrangere.

ENSEMBLE, se démasquant.

Je puis ôter mon masque sans danger.

THALIE. Momus, ô Ciel !

MOMUS. Thalie, ô Ciel !

THALIE, en riant.

La méprise est légere !

MOMUS.

Quelle Bergere !

THALIE.

Quel Berger !

SCENE III.

LICORIS, à MOMUS, sortant.

Berger, chanterez-vous dans la nouvelle fête,
Que sur le Parnasse on apprête ?

Il ne m'écoute pas, il fuit, quel changement !
Quoi, le mépris succéde à tant d'empressement !
Mais d'où naissent les allarmes,
Que me causent ses froideurs ?
De ses talens enchanteurs,
N'ai-je point trop goûté les charmes ?

Ce Berger dangereux a sçu m'accoutumer
A chérir des accens où régne la tendresse ...
Comment se défendre d'aimer
L'objet qu'on applaudit sans cesse ?
Mais il revient ....

SCENE IV.

LICORIS, APOLLON.

LICORIS à APOLLON.

PAr une feinte ardeur,
Vous vouliez donc tromper mon cœur ?
Je viens de voir votre inconstance.
Vous restez interdit ; vous gardez le silence.

APOLLON.

Dieux ! Quel soupçon ! L'ai-je pû mériter ?
Mais quand je changerois, pourriez-vous regretter
L'objet de votre indifférence.

LICORIS.

La douceur de vos chants avoit sçû me charmer,
J'allois peut-être vous aimer.

APOLLON.

M'aimer ! Eh-bien, si le nom d'infidelle
M'attire seul votre courroux,

Bergere

Bergere, désabusez-vous,
Non, je ne brûle point d'une flâme nouvelle....
Qui pourroit vous ravir un cœur
Enchaîné par vos nœuds, enchanté par vos charmes ?
Des beautés qu'on trahit pour un nouveau vainqueur,
Vous ne devez jamais éprouver les allarmes.

LICORIS voyant MOMUS démasqué qui arrive.

Que vois-je ! O Ciel ! Quoi, c'est Momus,
Qui trompoit mes yeux prévenus.

APOLLON.

Croirai-je, Licoris, ce que je viens d'entendre ?
Et me permettez-vous
D'expliquer vos soupçons jaloux ?

LICORIS.

Je ne sçaurois vous le défendre,
Mon cœur est trop charmé d'avoir laissé surprendre
Un aveu qui vous livre aux transports les plus doux.

APOLLON.

Vous faites le bonheur de l'Amant le plus tendre.

SCENE V.

MOMUS, APOLLON, LICORIS.

MOMUS.

Bergere, vous aimez, que je plains votre erreur,
C'eſt un Dieu deguiſé qui vous offre ſon cœur ...

LICORIS.

Son rang n'augmente point le prix de ma victoire,
Et je ne voi de lui que ſa fidelle ardeur.

MOMUS.

C'eſt Apollon que vous comblez de gloire!
Craignez ſon inconſtance, en faiſant ſon bonheur.

LICORIS.

Je ſens trop de plaiſir pour ſentir des allarmes.

APOLLON.

Que mon ſort a de charmes,
Licoris m'aime & vient de me le déclarer,
Ah! Licoris, daignez le redire ſans ceſſe ...

LICORIS.

Aimez, vous connoiſſez le prix de la tendreſſe,
Vous la chantez trop bien pour ne pas l'inſpirer.

LICORIS APOLLON.

L'amour m'enflâme,
Pour jamais.
Il répand dans mon ame
Ses plus doux attraits.

MOMUS.

Terpsicore, offrez-nous vos naïves images
Du Tems, des Saisons & des Ages.

SCENE VI.

APOLLON, LICORIS, MOMUS. TERPSICORE, THALIE,

MARCHE.

Le Tems, les Saisons, & les Ages. L'Age Viril paroît le premier, représenté par des Chasseurs. Ensuite des Masques Galans figurent l'Adolescence. Les deux Enfans arrivent ensemble. Ces différentes Quadrilles sont conduites par TERPSICORE.

CHŒUR.

Profitez du tems,
Il s'échappe, il fuit sans cesse,
Rien n'égale la vitesse
Des heureux instans,
Profitez du tems
Souvent perdu par la jeunesse,

Et regretté par la froide vieillesse,
Ses bienfaits ne sont pas constans,
Il paroît long à l'espérance,
Aux ennuis à l'indifférence,
Il paroît court aux cœurs contens.

Profitez du, *&c.* *On danse.*

Une SUIVANTE *de* TERPSICORE.

Jeunes cœurs prenez vos armes,
Chassez les monstres des Bois.
Les Bois n'ont-ils pas des charmes,
Pour les Dieux & pour les Rois?

Jeunes cœurs, *&c.*

Heureux qui se laisse prendre,
Dans les piéges des Amours.
Quand ils veulent nous surprendre,
Ne craignons que les secours.

Heureux qui, *&c.* *On danse.*

Une SUIVANTE *de* TERPSICORE.

Il n'est que deux Saisons dans l'amoureux empire,
Tout est Hyver lorsqu'en vain on soupire
Pour les cœurs contens,
Tout est Printems. *On danse.*

Un SUIVANT *de* TERPSICORE, *aux Enfans.*

Jouez, Enfans, imitez les Zéphirs

Errans dans un bocage
Heureux, trop heureux Age!
Les ris & les jeux ſeuls régnent ſur vos deſirs,
Vous goutez un ſort qu'on envie,
Danſez, amuſez-vous,
Profitez des inſtans les plus chers de la vie,
Ah! Nos premiers plaiſirs, ſont toujours les plus doux! *On danſe.*

Une VIEIELLE.

Mortels, que le plaiſir diſpoſe de vos ans;
Que malgré la raiſon, il triomphe ſans ceſſe,
Il accroît les beaux jours de l'aimable jeuneſſe,
Et juſques chez l'Hyver, il conduit le Printems.

On danſe.

THALIE & le Chœur.

Liberté charmante,
Regnez à jamais,
Que toujours on chante
Vos divins attraits.

Sous vos loix on ne reſpire
Que la paix & la douceur,
Ce neſt que dans votre empire
Qu'on trouve le vrai bonheur.

Liberté charmante, &c.

On danſe.

FIN.

APPROBATION.

J'Ai lû par ordre de Monseigneur le Chancelier, un Ballet en trois Actes, intitulé *le Carnaval du Parnasse*, avec un Prologue, & je n'y ai rien trouvé qui ne doive en favoriser l'Impression. A Verlailles ce 8 Septembre 1749. DEMONCRIF.

PRIVILEGE DU ROY.

LOUIS par la grace de Dieu, Roy de France & de Navarre : A nos amés & feaux Conseillers, les Gens tenans nos Cours de Parlemens, Maîtres des Requêtes ordinaires de nôtre Hôtel, Grand'Conseil, Prevôt de Paris, Baillifs, Sénéchaux, leurs Lieutenans Civils, & autres nos Justiciers qu'il appartiendra, Salut. Nôtre très cher & bien amé le Sieur LOUIS-ARMAND EUGENE DE THURET, cy-devant Capitaine au Regiment de Picardie; Nous a fait représenter que, par Arrest de nôtre Conseil du 30 May 1733. Nous avons revoqué le Privilege qui avoit été accordé au Sieur le Comte & ses Associez, pour raison de l'Academie Royale de Musique, les circonstances & dépendances, & rétabli ledit Privilege en faveur dudit Sieur Exposant, pour en joüir par lui, ses Associez. Cessionnaires & ayans-cause aux charges & conditions portées par ledit Arrest, pendant le temps & espace de vingt-neuf années, à compter du premier Avril de ladite année 1733 & que pour l'exploitation dudit Privilege, ledit Sieur Exposant se trouve obligé de faire imprimer & graver les Paroles & la Musique des Opera qui doivent être représentés; mais que pour cet effet il a besoin de notre Permission & des Lettres qu'il Nous a très-humblement fait supplier de lui accorder. A CES CAUSES, voulant favorablement traiter ledit Exposant : Nous lui avons permis & permettons parces Presentes de faire imprimer & graver *les Paroles & Musique des Opera, Ballets & Fêtes qui ont été ou qui seront representés par l'Academie Royale de Musique, tant séparément que conjointement*, en tels Volumes forme, marge, caractere, & autant de fois que bon lui semblera, & de les faire vendre & debiter partout notre Royaume; pendant le temps de vingt-neuf années consecutives à compter du jour de la datte desdites Présentes. Faisons défenses à toutes personnes de quelque qualité & condition qu'elles soient d'en introduire d'Impression ou Gravures Etrangere dans aucun lieu de notre obéissance: Comme aussi à tous Imprimeur, Libraire, Graveurs, Imprimeurs Marchands en Taille-Douce, & autres de graver, ni faire graver d'imprimer, ou faire imprimer, vendre, faire vendre, débiter ni contrefaire lesdites Impressions, Planches & Figures de Paroles, de Musique des Opera, Ballets & Fêtes, qui ont été ou qui seront representez par ladite Academie Royale de Musique, tant séparément que conjointement en tout ni en partie, sans la permission expresse & par écrit dudit Sieur Exposant, ou de ceuxqui auront droit de lui; à peine de confiscation tant des Planches & figures que des Exemplaires contrefaits, & des Ustanciles qui auront servi à ladite contrefaçon, que Nous entendons être saisis en quelque lieu qu'ils soient trouvez, de dix mille livres d'amende contre chacun des Contrevenans, dont un tiers à Nous, un tiers à l'Hôtel-Dieu de Paris, l'autre tiers audit Sieur Exposant, & de tous dépens, dommages & interests, à la charge que ces Présentes seront entegistrées tout au long sur le Registre de la Communauté des Libraires & Imprimeurs de Paris, dans trois mois de la datte d'icelles; que la Gravure & Impression desdites Paroles & Opera sera faite dans notre Royaume & non ailleurs, enbon papier & beaux caracteres, conformément aux Reglemens de la Librairie, & notamment à celui du dix Avril 1725. & qu'avant de l'exposer en vente-

les Manuscrits gravés ou imprimé seront remis dans le même état où l'Approbation y aura été donnée ès mains de notre très-cher & feal Chevalier Garde des Sceaux de France, le Sr Chauvelin ; qu'il en sera remis deux Exemplaires de chacun dans notre Bibliotheque publique, un dans celle de notre Château du Louvre, & un dans celle de notre très-cher & feal Chevalier Garde des Sceaux de France le Sr Chauvelin. Le tout à peine de nullité des Présentes; Du contenu desquelles Vous mandons & enjoignons de faire jouir ledit Sieur Exposant, ou ses Ayants-cause, pleinement & paisiblement sans souffrir qu'il leur soit fait aucun trouble ou empêchement. Voulons que la Copie desdites Présentes, qui sera imprimée tout au long au commencement ou à la fin dudit Ouvrage, soit tenue pour dûement signifiée; & qu'aux Copies collationnées par l'un de nos amés & feaux Conseillers & Secretaires, foy soit ajoûtée comme à l'Original. Commandons au premier notre Huissier ou Sergent, de faire pour l'exécution d'icelles tous Actes requis & necessaires, sans demander autre permission, & nonobstant Clameur de Haro, Chartre Normande & Lettres à ce contraires. CAR tel est nôtre plaisir. DONNE' à Fontainebleau Paris le douziéme jour du mois de Novembre, l'An de Grace mil sept, trente-quatre, & de notre Regne le vingtiéme : *Et plus bas*, Par le Roy en son Conseil. *Signé* SAINSON, avec paraphe.

Registré sur le Registre VIII. de la Chambre Royale des Libraires & Imprimeurs de Paris, N. 797. fol. 779. conformément aux anciens Réglemens, confirmés par celui du 28 Février 1723. A Paris le 23 Novembre 1734.

G. MARTIN, *Syndic.*

www.ingramcontent.com/pod-product-compliance
Ingram Content Group UK Ltd.
Pitfield, Milton Keynes, MK11 3LW, UK
UKHW032009260826
14628UKWH00005B/2369